46 Rezepte um Zahnlöchern vorzubeugen:

Stärke deine Zähne und die Gesundheit im Zahnraum durch nährstoffreiche Lebensmittel

Von

Joe Correa CSN

COPYRIGHT

© 2016 Live Stronger Faster Inc.

Alle Rechte vorbehalten.

Die Vervielfältigung und Übersetzung von Teilen dieses Werkes, mit Ausnahme zum in Paragraph 107 oder 108 des United States Copyright Gesetzes von 1976 dargelegten Zwecke, ist ohne die Erlaubnis des Copyright-Inhabers gesetzeswidrig.

Diese Veröffentlichung dient dazu fehlerfreie und zuverlässige Informationen zu dem auf dem Cover abgedruckten Thema zu liefern. Es wird mit der Einstellung verkauft, dass weder der Autor noch der Herausgeber befähigt sind, medizinische Ratschläge zu erteilen. Wenn medizinischer Rat oder Beistand notwendig sind, konsultieren Sie einen Arzt. Dieses Buch ist als Ratgeber konzipiert und sollte in keinster Weise zum Nachteil Ihrer Gesundheit gereichen. Konsultieren Sie einen Arzt, bevor Sie mit diesen Ernährungsplan beginnen, um zu gewährleisten, dass er das Richtige für Sie sind.

DANKSAGUNG

Dieses Buch ist meinen Freunden und meiner Familie gewidmet, die leichtere oder ernstere Krankheiten hatten. Sie sollen eine Lösung für ihre Probleme finden und die erforderlichen Veränderungen in Ihrem Leben einleiten.

46 Rezepte um Zahnlöchern vorzubeugen:

Stärke deine Zähne und die Gesundheit im Zahnraum durch nährstoffreiche Lebensmittel

Von

Joe Correa CSN

INHALT

Copyright

Danksagung

Über den Autor

Einleitung

46 Rezepte um Zahnlöchern vorzubeugen: Stärke deine Zähne und die Gesundheit im Zahnraum durch nährstoffreiche Lebensmittel

Weitere Werke des Autors

ÜBER DEN AUTOR

Nach Jahren der Nachforschung glaube ich ernsthaft an die positiven Auswirkungen, die Ernährung auf Körper und Geist haben kann. Mein Wissen und meine Erfahrung hat mir geholfen, über die Jahre hinweg gesünder zu leben und an meine Familie und Freunde weiterzugeben. Je mehr du über gesundes Essen und Trinken weißt, desto schneller willst du deine Lebens- und Essensgewohnheiten ändern.

Ernährung ist ein wichtiger Bestandteil von einem gesunden und langen Leben. Also fang heute damit an. Der erste Schritt ist immer der wichtigste und bedeutendste.

EINLEITUNG

46 Rezepte um Zahnlöchern vorzubeugen: Stärke deine Zähne und die Gesundheit im Zahnraum durch nährstoffreiche Lebensmittel

Von Joe Correa CSN

Wir putzen unsere Zähne zwei Mal am Tag, wir benutzen täglich Zahnseide, wir verwenden Mundspülung. Aber was ist mit unserem Essen? Es besteht die Möglichkeit, dass das Geheimnis für gesunde Zähne im Kühlschrak liegt!

Um also Kavität zu vermeiden und dein bezauberndes Lächeln zu bewahren, solltest du deine Ernährung, dein Essen und die Häufigkeit deiner Mahlzeiten überdenken. Du wirst überrascht sein, dass sich diese Veränderungen einstellen, sobald du bestimmte Arten von Essen zu dir nimmst!

Im täglichen Leben kämpfen deine Zähne gegen eine Vielzahl an Feinden wie klebrige Snacks, zuckerhaltige Getränke, Süßigkeiten und andere Dinge. Glücklicherweise gibt es auch Nahrungsmittel, die Karies verhindern.

Es stellt eine riesige Veränderung dar, deinen Mund vor Kavität zu bewahren. Einige Untersuchungen zeigen, dass über 92 % der Erwachsenen zwischen 20 und 64 an Kavität leiden.

Nimm die Rezepte in deinen täglichen Ernährungsplan auf und die großen Veränderungen stellen sich innerhalb kürzester Zeit auch bei dir ein!

46 Rezepte um Zahnlöchern vorzubeugen: Stärke deine Zähne und die Gesundheit im Zahnraum durch nährstoffreiche Lebensmittel

1. **Großer Granatapfel-Salat**
- **Beschreibung:**

  Granatapfel ist reich an Ballaststoffen. Außerdem enthält er Vitamin A, C und E, Eisen sowie andere Antioxidantien.

- **Zutaten:**
  - 2 Granatäpfel, geschält und entkernt
  - 2 Dosen Mandarinenscheiben
  - 1 rote Zwiebel, gewürfelt
  - 1 Jalapeno Pfefferoni, gehackt
  - 1 EL eingelegte Jalapeno Pfefferoni
  - 1 Zweig Koriander, gehackt
  - Saft 1 Limette

- **Zubereitung:**
  - Vermenge die Granatapfelkerne, die Mandarinenscheiben, die Zwiebel, die frische

Jalapeno, die eingelegte Jalapeno, den Koriander, den Limettensaft und den Kümmel in einer Schüssel.

- ➢ Decke die Schüssel ab und stelle sie einige Stunden oder über Nacht in den Kühlschrank, damit sich der Geschmack entfalten kann.

- **Nährwertangaben:**

Kalorien: 57kcal, Fette: 0,2g, Kohlenhydrate: 14g, Proteine: 1,1g, Natrium: 26mg

2. Mr. Cranberry's Salat

- **Beschreibung:**

Cranberries sind eine gute Quelle für Vitamin C, Ballaststoffen und Mangan und ebenso für Vitamin E, Vitamin K, Kupfer und Pantothensäure.

- **Zutaten:**
  - 1 1/2 Tassen gehackte Cranberries
  - 1 Tasse gewürfelter roter Apfel
  - 1 Tasse gewürfelter Sellerie
  - 1 Tasse kernlose grüne Trauben
  - 1/3 Tasse Rosinen
  - 1/4 Tasse gehackte Walnüsse
  - 1/4 TL gemahlener Zimt
  - 1 (240 ml) fettreduzierter Joghurt

- **Zubereitung:**
  - Vermenge in einer mittelgroßen Schüssel die Cranberries, den Apfel, Sellerie, die Trauben, Rosinen, Walnüsse, den Zucker, Zimt und Joghurt. Rühre alles gut um. Decke die Schüssel ab und

lass sie 2 Stunden ruhen. Durchmische alles ein weiteres Mal vor dem Servieren.

- **Nährwertangaben:**

  Kalorien: 75kcal, Fette: 2g, Kohlenhydrate: 1,7g, Proteine: 22g, Natrium: 26mg

3. Mrs. Mozaic Salsa

- **Beschreibung:**

Orangen sind reich an Vitamin C. Sie sind ebenfalls eine gute Quelle für Ballaststoffe. Darüber hinaus verfügen sie über reichlich Vitamin B, darunter Vitamin B1, Pantothensäure und Folsäure genauso wie Vitamin A, Calcium, Kupfer und Kalium.

- **Zutaten:**
  - 2 große Orangen, geschält und in Stücke geschnitten
  - 1 Tomate, gewürfelt
  - 1/2 Tasse gewürfelte rote Zwiebel
  - 1 EL Apfelsaft
  - 1 TL geriebene Orangenschale
  - 1 TL gehackter Knoblauch
  - 1/4 Jalapeno Pfefferoni, gewürfelt
  - 1 EL geschnittener frischer Koriander

- **Zubereitung:**
  - Vermenge die Orangen, Tomate, Zwiebel, den Apfelsaft, die Orangenschale, den Knoblauch

und die Jalapeno Pfefferoni in einer großen Schüssel. Rühre gut um. Decke die Schüssel ab und stelle sie etwa 30 Minuten in den Kühlschrank. Rühre den Koriander vor dem Servieren unter.

- **Nährwertangaben:**

  Kalorien: 41kcal, Fette: 0,1g, Kohlenhydrate: 10g, Proteine: 1g, Natrium: 2mg

4. Wohltäter Birne

- **Beschreibung:**

  Eine einzige Birne enthält bis zu 11 Prozent deines täglichen Bedarfs an Vitamin C und 10% deines täglichen Bedarfs an Kupfer. Birnen – so heißt es – enthalten außerdem mehr Nährwerte pro Kalorie als Kalorien pro Nährwert.

- **Zutaten:**
  - 1 reife Birne – geschält, entkernt und gewürfelt
  - 1/2 Tasse Weißwein
  - 1 Knoblauchzehe, gewürfelt
  - 1/4 Tasse weißer Balsamicoessig
  - 1 TL gemahlener schwarzer Pfeffer
  - 1/4 TL Meersalz
  - 1/2 Tasse Olivenöl

- **Zubereitung:**
  - Vermenge die Birne, den Weißwein, Knoblauch, den weißen Balsamicoessig, schwarzen Pfeffer und Meersalz in einer Küchenmaschine, bis alles gut durchmischt ist. Träufle das Olivenöl in einem

dünnen Strahl in die Mischung, während du dabei ständig umrührst. Rühre noch einige Sekunden länger um, bis das Salatdressing dick und cremig ist.

- **Nährwertangaben:**

    Kalorien: 101kcal, Fette: 9g, Kohlenhydrate: 3,6g, Proteine: 0,1g, Natrium: 60mg

5. Radiesliziös

- Beschreibung

    Radieschen enthalten Vitamin C und Antioxidantien, was sie unersetzlich im Kampf gegen Kavität macht. Wenn du Radieschen in deine Ernährung aufnimmst verbessert dies die Gesundheit deiner Zähne und deines Zahnfleisches.

- **Zutaten:**
    - 20 Radieschen
    - 2 EL Wasser
    - 1 EL Olivenöl
    - Salz und Pfeffer zum Abschmecken

- **Zubereitung:**
    - Schneide das untere Ende der Radieschen ab und schäle eine Lage Haut in der Mitte des Radieschens ab.
    - Stelle die Radieschen in einem zugedeckten, Mikrowellen geeigneten Behälter 8 Minuten in die Mikrowelle, bis die Radieschen weich sind. Serviere sie direkt im Anschluss.

- **Nährwertangaben:**

    Kalorien:109 Fette:11,6g, Kohlenhydrate:1,5g,

    Proteine:0,4g, Natrium: 106mg

6. Rhabarber-Wacht

- **Beschreibung:**

  Rhabarber steckt voller Mineralien, Vitaminen, organischen Verbindungen und andere Nährwerte, die Kavität von dir fernhalten und deinen Körper gesund.

- **Zutaten:**
  - 1/2 Tasse Wasser
  - 3 Tassen dünn geschnittener Rhabarber
  - 15 kernlose Trauben
  - 1/2 Orange, in Stücke
  - 10 frische Erdbeeren
  - 1 Apfel, entkernt und geschnitten
  - 1 Pfirsich, in Scheiben
  - 1 Pflaume, in Scheiben

- **Zubereitung:**
  - Bring das Wasser in einem mittelgroßen Topf bei mittlerer Hitze zum Kochen. Rühre den Rhabarber ein, drehe die Hitze ab, leg den Deckel darauf und lass alles 10 bis 15

Minuten köcheln, bis der Rhabarber weich ist. Zerdrücke ihn und stelle ihn etwa 10 Minuten in den Kühlschrank.

- ➢ Rühre die Mischung anschließend um und lege die restlichen Zutaten hinein, bis sie ausreichend bedeckt sind. Stelle die Masse mindestens 2 Stunden in den Kühlschrank, damit sich der Geschmack entfalten kann.

- **Nährwertangaben:**

  Kalorien: 236kcal, Fette: 0,9g, Kohlenhydrate: 59g, Proteine: 1,9g, Natrium: 6mg

7. Heitere Himbeere

- **Beschreibung:**

  Rote Himbeeren enthalten starke Antioxidantien wie Vitamin C, Querzetin und Gallussäure. Untersuchungen haben gezeigt, dass eine gute Mischung aus Oxidantien und Antioxidantien ausschlaggebend für die orale sowie für die systemische Gesundheit ist.

- **Zutaten:**
  - 500 g gemischter grüner Salat
  - 0,5 l frische Himbeeren
  - 115 g Mandeln in Scheiben
  - 1 Tasse Himbeere-Vinaigrette

- **Zubereitung:**
  - Vermische den grünen Salat, Himbeeren und Mandeln in einer großen Schüssel. Träufle Himbeere-Vinaigrette vor dem Servieren darüber.

- **Nährwertangaben:**

  Kalorien: 182kcal, Fette: 7g, Kohlenhydrate: 25g, Proteine: 4,7g, Natrium: 350mg

8. Kavitätskämpfer

- **Beschreibung:**

Dieser Smoothie enthält alles, was du benötigst, um Karies den Kampf anzusagen. Probiere es selbst aus und du wirst die ersten Ergebnisse in kurzer Zeit erzielen!

- **Zutaten:**
  - 1 Tasse Milch
  - 1 1/2 Bananen

- **Zubereitung:**
  - Gib die Milch und die Bananen in einen Mixer oder in eine Küchenmaschine, bis sie flüssig sind.

- **Nährwertangaben:**

Kalorien: 280kcal, Fette: 5,4g, Kohlenhydrate: 56g, Proteine: 10g, Natrium: 102mg

9. Kung-Fu Kefir

- **Beschreibung:**

Kefir ist ein fermentiertes Milchprodukt (Kuh-, Ziege- oder Schafsmilch), der wie ein trinkbarer Joghurt schmeckt. Kefir enthält einen hohen Anteil an Vitamin B12, Calcium, Magnesium, Vitamin K2, Biotin, Folsäure, Enzyme und Probiotika.

- **Zutaten:**
  - 4 Tassen Milch
  - 1/2 Tasse Kefir Natur

- **Zubereitung:**
  - Heize einen Joghurtbereiter oder einen Schongarer auf niedriger Stufe vor.
  - Gieße die Milch in eine Pfanne und erhitze sie bei mittlerer Temperatur etwa 4 Minuten, bis sie fast kocht.
  - Rühre nach und nach den Kefir in die Milchmischung, bis alles gut vermischt ist. Verteile die Masse dann in den Joghurtbereiter oder den Schongarer.

- ➢ Lass die Stufe niedrig, solange bis nach 4 bis 10 Stunden die gewünschte Joghurtkonsistenz erreicht ist. Lasse den Joghurt mindestens 2 Stunden im Kühlschrank stehen.

- **Nährwertangaben:**

  Kalorien: 84kcal, Fette: 2,9g, Kohlenhydrate: 8,4g, Proteine: 5,7g, Natrium: 77mg

10. Wolke Neun

- **Beschreibung:**

Bananen sind die ausgezeichneten Beschützer gegen Kavität. Sie versorgen dich mit wichtigen Nährstoffen, die deine Verdauung, deine Herzgesundheit und Gewichtsverlust anregen. Dieses Rezept ist leicht und schnell.

- **Zutaten:**
  - 1 Banane
  - 1/2 Tasse Joghurt
  - 1/4 Tasse Ananassaft
  - 1 Tasse Erdbeeren
  - 1 TL Orangensaft
  - 1 TL Milch

- **Zubereitung:**
  - Vermenge die Banane, den Joghurt, den Zucker, den Ananassaft, Erdbeeren, Orangensaft und Milch in einem Mixer, bis die Zutaten flüssig sind.

- **Nährwertangaben:**

 Kalorien: 147kcal, Fette: 1,4g, Kohlenhydrate: 31,3g,

 Proteine: 4,6g, Natrium: 46mg

11. Lachs mit Zitronengeschmack

- **Beschreibung:**

Seit langer Zeit ist Lachs dafür bekannt, die allgemeine Knochengesundheit zu fördern. Sie sorgen für einen Schub an Vitamin D, die den Calcium-Stoffwechsel anregen und die Bildung von Cathelicidine veranlasst, was ein antimikrobielles Peptid ist, welches Bakterien bekämpft, die dentale Krankheiten verursachen. **Zutaten:**

- ➢ 1 (450 g) roter Lachs, getrocknet und schuppig
- ➢ 1 Zitrone, Saft
- ➢ 1 Apfel, entkernt und in Scheiben
- ➢ 1 1/2 Stangen Sellerie, fein gehackt
- ➢ 1/4 TL gemahlene rote Pfefferflocken

- **Zubereitung:**

- ➢ Vermenge den roten Lachs und den Zitronensaft in einer Glasschüssel. Rühre alles gut um.
- ➢ Rühre den Apfel, die Sellerie und die gemahlenen roten Pfefferflocken unter. Verrühre alles.

- **Nährwertangaben:**

    Kalorien: 368kcal, Fette: 20,9g, Kohlenhydrate: 21,2g, Proteine: 25g, Natrium: 664mg

12. Fürst Zucchini

- **Beschreibung:**

Zucchini enthält Vitamin A, Magnesium, Folsäure, Kalium, Kupfer und Phosphor. Dieses Sommergetränk ist außerdem reich an Omega-3-Fettsäuren, Zink, Niacin und Proteine. Darüber hinaus verbessern die in den Zucchini enthaltenen Vitamine B1, B6 und B2 sowie Calcium die Gesundheit deiner Zähne.

- **Zutaten:**
  - 2 EL Olivenöl
  - 2 Zucchini, geraspelt
  - 2 Tassen Vollmilchjoghurt
  - 2 EL Walnüsse, gehackt

- **Zubereitung:**
  - Erhitze das Öl in einer Pfanne bei höchster Stufe. Brate die geraspelte Zucchini 3 Minuten ein, rühre gelegentlich um.
  - Nimm die Pfanne vom Herd und lass die Zucchini abkühlen. Mische Joghurt und Walnüsse darunter und würze mit Salz und Pfeffer.

- **Nährwertangaben:**

    Kalorien: 170kcal, Fette: 11g, Kohlenhydrate: 11g,

    Proteine: 7g, Natrium: 92mg

13. Tropisches Paradies

- **Beschreibung:**

Leicht tropisch mit einer Kombination aus süßen Erdbeeren und köstlicher Mango. Ideal um Frühstück oder als Nachmittagssnack. Dieser Smoothie bietet dir eine Vielzahl an Vitaminen und Nährwerten!

- **Zutaten:**
  - 300g frische Erdbeeren
  - 1 Tasse geschnittene Mango
  - 1 Tasse fettreduzierter Naturjoghurt
  - 1/2 Tasse Milch
  - 1/4 Tasse Honig
  - 4 frische Erdbeeren

- **Zubereitung:**
  - Gib die Erdbeeren und Mango in einen Mixer; füge Joghurt, Milch und Honig bei. Mische alles durch, bis die Zutaten flüssig sind. Verteile den Smoothie auf 4 Gläser und garniere jedes Glas mit einer frischen Erdbeere.

- **Nährwertangaben:**

    Kalorien: 171kcal, Fette: 2g, Kohlenhydrate: 36g,

    Proteine: 6g, Natrium: 59mg

14. Ahornlachs

- **Beschreibung:**

Lachs versorgt dich mit einer großen Menge an der antioxidantischen Aminosäure Taurin. Er ist außerdem ein guter Lieferant für Vitamin B12, Vitamin D und Selen.

- **Zutaten:**
  - 1/4 Tasse Ahornsirup
  - 1 EL Olivenöl
  - 1 Knoblauchzehe, gehackt
  - 1/4 TL Knoblauchsalz
  - 1/8 TL gemahlener schwarzer Pfeffer
  - 500g Lachs

- **Zubereitung:**
  - Mische Ahornsirup, Knoblauch, Knoblauchsalz und Pfeffer in einer kleinen Schüssel.
  - Lege den Lachs in eine flache Glasauflaufform und bedecke ihn mit der Ahornsirup-Mischung. Decke die Form mit einem Deckel ab und

mariniere den Lachs im Kühlschrank 30 Minuten. Drehe ihn zwischendurch um.

- ➢ Heize den Backofen auf 200 °C vor.
- ➢ Stell die Auflaufform in den vorgeheizten Backofen und backe den Lachs ohne Deckel20 Minuten, bis er sich mit einer Gabel zerteilen lässt.

- **Nährwertangaben:**

Kalorien: 265kcal, Fette: 12g, Kohlenhydrate: 14g, Proteine: 23g, Natrium: 633mg

15. Mächtiger Kopfsalat

- **Beschreibung:**

Kopfsalat enthält Feuchtigkeit, Energie, Fette, Proteine, Kohlenhydrate, Ballaststoffe und Zucker. Die Mineralien und das Vitamin, das im Kopfsalat steckt, beinhaltet Calcium, Eisen und Magnesium. Diese drei Vitamine garantieren dir ein strahlendes Lächeln.

- **Zutaten:**
  - 1 grüner Kopfsalat – gewachsen, getrocknet und in Stücken
  - 1 rote Zwiebel, in Ringe geschnitten
  - 500g Erdbeeren, halbiert
  - 1/4 Tasse Milch
  - 2 EL weißer Essig
  - 1 EL Mohn
  - 1/2 Tasse cremiges Salatdressing

- **Zubereitung:**
  - Gib den Kopfsalat, die rote Zwiebel und die Erdbeeren in eine große Schüssel. Verrühre die Milch, den Essig und den Mohn in einem Becher,

welchen du luftdicht verschließen kannst. Leg den Deckel darauf und schüttle den Becher, bis alles durchmischt ist.

➢ Verteile das Dressing über den Salat.

- **Nährwertangaben:**

    Kalorien: 138kcal, Fette: 6g, Kohlenhydrate: 26g, Proteine: 1,8g, Natrium: 186mg

16. Mais-Wettbewerb

- **Beschreibung:**

Magnesium ist das wichtigste Mineral, das dein Körper braucht, um fehlerfrei und effizient zu arbeiten. Dein Körper benötigt dafür noch viele andere Nährstoffe. Wenn jedoch ein Mangel an Magnesium vorliegt, dann werden 350 biochemische Reaktionen überhaupt nicht ausgelöst oder laufen nicht korrekt ab.

- **Zutaten:**
  - 5 Knoblauchzehen, gehackt, eventuell mehr je nach Geschmack
  - 2 EL Olivenöl
  - 1 TL Salz
  - 1 TL gemahlener Kümmel
  - 1 TL gemahlener schwarzer Pfeffer
  - 1/2 Limettensaft
  - 2 EL scharfe Pfeffersauce
  - 6 frische Maisnarben

- **Zubereitung:**

➢ Heize den Grill bei mittlerer Hitze vor und fette den Rost leicht ein.

➢ Brate den Knoblauch in einer kleinen Pfanne bei niedriger Stufe 5 Minuten an. Rühre Salz, schwarzer Pfeffer und Kümmel in einer kleinen Schüssel zusammen. Gib den Limettensaft und die scharfe Sauce dazu und rühre alles um, bis eine einheitliche Masse entsteht.

➢ Brate den Mais 10 bis 15 Minuten auf dem vorgeheizten Grill, drehe ihn gelegentlich um, bis der Mais heiß und zart ist.

- **Nährwertangaben:**

    Kalorien: 138kcal, Fette: 6g, Kohlenhydrate: 26g, Proteine: 1,8g, Natrium: 186mg

17. Feldmarschall Brokkoli

- **Beschreibung:**

Brokkoli bewahrt dich vor Kavität, da er viel Calcium und Ballaststoff enthält. Diese beiden Elemente reduzieren die Anfälligkeit für Karies und pflegen außerdem dein Zahnfleisch.

- **Zutaten:**
  - 2 Tassen Brokkoliröschen
  - 1 gelbe Paprika, in Stücken
  - 1 TL Knoblauchpulver
  - Salz und Pfeffer zum Abschmecken
  - 1 EL natives Olivenöl extra

- **Zubereitung:**
  - Heize den Backofen auf 210°C vor.
  - Vermenge den Brokkoli und die Paprika in einer Schüssel. Streue etwas Knoblauchpulver, Salz und Pfeffer über das Gemüse; beträufle es mit Olivenöl. Achte darauf, dass der Brokkoli vollständig bedeckt ist. Verteile das Gemüse in eine Auflaufform.

> Backe das Gemüse 15 bis 20 Minuten im vorgeheizten Backofen, bis es weich ist und beginnt braun zu werden.

- **Nährwertangaben:**

Kalorien: 69kcal, Fette: 3,9g, Kohlenhydrate: 8g, Proteine: 2,1g, Natrium: 815mg

18. Butternut-Team

- **Beschreibung:**

Eine Tasse des Butternut-Kürbisses versorgt dich mit sagenhaften 47% deines täglichen Vitamin A Bedarfs sowie 52% des Bedarfs an Vitamin C und 10% und mehr des Bedarfs an Vitamin E, Thiamin, Niacin, Vitamin B-6, Folsäure, Pantothensäure und Magnesium.

- **Zutaten:**
  - 1 Butternut-Kürbis – geschält, entkernt und in 2,5 cm dicke Würfel geschnitten
  - 2 EL Olivenöl
  - 2 Knoblauchzehen, gehackt

- **Zubereitung:**
  - Heize den Backofen auf 210°C vor.
  - Bestreiche den Butternut-Kürbis mit Olivenöl und Knoblauch ein. Würze ihn mit Salz und schwarzem Pfeffer. Verteile die Kürbisstücke auf einem Backblech.

> Grille sie 25 bis 30 Minuten im vorgeheizten Backofen, bis der Kürbis zart und leicht braun ist.

- **Nährwertangaben:**

Kalorien: 177 kcal, Fette: 7g, Kohlenhydrate: 30,3g, Proteine: 2,6g, Natrium: 11mg

19. Sag Käse

- **Beschreibung:**

  Der Genuss von Käse verbessert den pH-Wert deines Zahnbelags und verhindert Zahnerosion. Je höher das pH-Niveau, desto niedriger die Wahrscheinlichkeit für Kavität.

- **Zutaten:**
  - 2 Tassen Spinatblätter
  - 1/2 Apfel – geschält, entkernt und geschnitten
  - 60g gewürfelter Hüttenkäse
  - 60g Walnüsse

- **Zubereitung:**
  - Gib jeweils 1 Tasse Spinat in 2 Schüsseln.
  - Streue Apfel, Hüttenkäse und Walnüsse über den Spinat.

- **Nährwertangaben:**

  Kalorien: 313 kcal, Fette: 2g, Kohlenhydrate: 10g, Proteine: 11g, Natrium: 171mg

20. Dreikäsetreffen

- **Beschreibung:**

Käse hilft dir dabei Kavität abzuwenden, indem er durch die Neutralisation der Plaquesäure deine Zähne formt. Je höher das pH-Level (mehr Basen) auf deiner Zahnoberfläche, desto besser sind deine Zähne vor Zahnerosion geschützt, die Kavität verursacht und Füllungen notwendig macht.

- **Zutaten:**
  - 1 großer Kopfsalat – gewaschen, getrocknet und zu mundgerechten Stücken verarbeitet
  - 1 Tasse gewürfelter Schweizerkäse
  - 1 Tasse gewürfelter Fetakäse
  - 1 Tasse geriebener Parmesankäse
  - 1 Tasse geröstete Pekanüsse
  - 1/2 Tasse Olivenöl
  - 1/2 Tasse weißer Balsamicoessig
  - 1 EL frisch gemahlener schwarzer Pfeffer

- **Zubereitung:**

> Vermenge den Kopfsalat, den Schweizerkäse, den Fetakäse sowie den Parmesan und die Pekanüsse in einer großen Schüssel. Verquirle in einer kleinen Schüssel das Öl, den Essig und Pfeffer und verteile den Dressing über den Salat.

- **Nährwertangaben:**

Kalorien: 618 kcal, Fette: 53,9g, Kohlenhydrate: 13g, Proteine: 74g, Natrium: 639mg

21. Brokkoli-Schild

- **Beschreibung:**

Brokkoli ist eine hervorragende Quelle für Vitamin B1, Magnesium, Omega-3-Fettsäuren, Proteinen, Zink, Calcium, Eisen, Niacin und Selen.

- **Zutaten:**
  - 1 Kopf frischer Brokkoli, in Röschen geteilt
  - 1 EL Olivenöl
  - 2 EL Zitronensaft
  - 1/4 Tasse blanchierte Mandeln in Scheiben

- **Zubereitung:**
  - Gare oder koche den Brokkoli etwa 4 bis 8 Minuten, bis er zart ist. Trockne ihn dann ab.
  - Schmelze in einer kleinen Pfanne das Olivenöl bei mittlerer Hitze. Nimm die Pfanne vom Herd.
  - Rühre den Zitronensaft und die Mandeln unter. Verteile die Mischung über den warmen Brokkoli und serviere ihn.

- **Nährwertangaben:**

    Kalorien: 170 kcal, Fette: 15,2g, Kohlenhydrate: 7g,

    Proteine: 3,7g, Natrium: 107mg, Cholesterol: 31mg

22. Olympische Erdnüsse

- **Beschreibung:**

Magnesium findet man in Erdnüssen, die für die Stärkung deiner Knochen bedeutend sind. Daneben enthalten Erdnüsse außerdem Calcium und Eisen, die deine Zähne und Knochen stärken.

- **Zutaten:**
  - 500 g Erdnüsse natur, mit Schale
- **Zubereitung:**
  - Heize den Backofen auf 260°C vor.
  - Verteile die Erdnüsse in einer Schicht auf den Boden einer Cookieform und stelle sie in den vorgeheizten Backofen.
  - Schalte den Backofen aus. Lass die Erdnüsse eine weitere Stunde im Ofen stehen, ohne die Tür zu öffnen. Serviere die Erdnüsse warm oder bei Zimmertemperatur.
- **Nährwertangaben:**

Kalorien: 322kcal, Fette: 27,9g, Kohlenhydrate: 9,2g, Proteine: 14,6g, Natrium: 10mg

23. Datteln über Datteln

- **Beschreibung:**

Magnesium, Calcium, Vitamin B und Eisen tragen entscheidend zur Zahnhygiene bei und halten deine Zähne und dein Zahnfleisch gesund. Datteln sind die besten Lieferanten für die Stoffe. Grünkohl und Mandeln versetzen deinem Immunsystem einen Schub.

- **Zutaten:**
  - 1 Grünkohl, ohne Stamm
  - 500 g Datteln
  - 1 Tasse geröstete, ungesalzene Mandeln (natur)

- **Zubereitung:**
  - Teile jedes Kohlblatt in 2 Teile.
  - Halbiere die Datteln und entferne den Kern. Lege eine Mandel genau dorthin, wo sich der Kern der Dattel befand.
  - Wickle jede Dattel in ein Kohlblatt ein. Befestige es mit einem Zahnstocher, damit sich die Umwicklung nicht löst.

- **Nährwertangaben:**

    Kalorien: 291kcal, Fette: 9,6g, Kohlenhydrate: 51,7g,

    Proteine: 7g, Natrium: 25mg

24. Rosinen Undercover

- **Beschreibung:**

Antioxidantien wie Polyphenole und Flavonoide, die in Rosinen enthalten sind, bekämpfen Bakterien. Daher sind Rosinen ein wichtiges Hilfsmittel im Kampf gegen Karies.

- **Zutaten:**
  - 1 Tasse Rosinen
  - 500g Karotten, geraspelt
  - 1/4 Tasse Ananassaft
  - 3 EL Kokosnuss in Stücken
  - 1/4 TL Salz
  - 170g fettreduzierter Joghurt

- **Zubereitung:**
  - Tränke die Rosinen etwa 20 Minuten in eine Schüssel mit Wasser, bis sie weich werden. Trockne sie dann ab.
  - Vermenge die Karotten, die Rosinen, die Ananas, die Kokosnuss und Salz in einer Schüssel. Füge den Joghurt bei und rühre alles unter die

Karotten-Mischung. Decke die Schüssel ab und stell sie in den Kühlschrank.

- **Nährwertangaben:**

  Kalorien: 170kcal, Fette: 6,6g, Kohlenhydrate: 28g, Proteine: 2g, Natrium: 125mg

25. Veteran Feige

- **Beschreibung:**

Feigen sind wichtig im Kampf gegen Kavität, da sie essentielle Mineralien enthalten, die deine Zähne beschützen. Feigen sind reich an Ballaststoffen, die die Speichelbildung im Mund anregen.

- **Zutaten:**
  - 4 Tassen Rucola
  - 8 frische Feigen, geviertelt
  - 1/4 Tasse geriebener Parmesankäse
  - 2 EL geröstete Pinienkerne
  - 2 EL Honig
  - 2 EL Balsamicoessig

- **Zubereitung:**
  - Vermenge den Rucola, die Feigen, den Parmesan und die Pinienkerne in einer großen Schüssel.
  - Träufle vor dem Servieren Honig und Balsamicoessig über den Salat.

- **Nährwertangaben:**

    Kalorien: 160kcal, Fette: 4,1g, Kohlenhydrate: 28g,

    Proteine: 4,2g, Natrium: 85mg

26. Grüner-Tee-Schub

- **Beschreibung:**

Grüner Tee sowie Tee ohne Zucker oder Milch, wie z.B. Schwarzer Tee, bekämpfen Bakterien. Bekämpfe also Kavität, indem du täglich etwas Grünen Tee trinkst. Er verhindert außerdem die Ausbreitung von Plaque.

- **Zutaten:**
  - Schale von 1 Zitrone
  - 2 TL kochendes Wasser
  - 2 TL Grüner Tee Pulver
  - 3/4 Tasse heißes Wasser
  - 1/2 Tasse frisch gepresster Grapefruitsaft
  - 3 EL frisch gepresster Zitronensaft
  - 1 TL Honig

- **Zubereitung:**
  - Gib die Zitronenschale in eine große Tasse oder einen Becher. Bedecke sie mit 2 TL kochendem Wasser und lass sie etwa 3 Minuten stehen. Rühre den Grünen Tee sowie das heiße Wasser ein. Füge anschließend den Grapefruitsaft,

Zitronensaft und Honig bei. Rühre gut um und serviere den Tee.

- **Nährwertangaben:**

  Kalorien: 89kcal, Fette: 0,1g, Kohlenhydrate: 22,5g, Proteine: 1,2g, Natrium: 9mg

27. Brasilianischer Kavitätskämpfer

- **Beschreibung:**

Paranüsse enthalten Calcium, sind darüber hinaus aber auch reich an Magnesium und Eisen, die eine wichtige Grundlage zur Stärkung deiner Zähne und zur Abwehr von Entzündungen des Zahnfleischs sind.

- **Zutaten:**
  - 2 EL Sesamkerne
  - 55g (1/3 Tasse) Sonnenblumenkerne
  - 60g (1/3 Tasse) Pepita-Kürbiskerne
  - 160g (1 Tasse) Paranüsse
  - 2 EL Honig
  - 1 1/2 TL gemahlener Kümmel
  - Große Prise gemahlener Chili

- **Zubereitung:**
  - Vermenge die Samen und die Mandeln in einer Pfanne und brate sie bei mittlerer Hitze 3-4 Minuten an, bis sie leicht geröstet sind.
  - Füge Honig, Kümmel sowie Chili dazu und koche alles 1 Minute. Rühre dabei immer wieder um.

Stell die Pfanne zur Seite und lass die Mischung abkühlen.

- **Nährwertangaben:**

Kalorien: 327 kcal, Fette: 26g, Kohlenhydrate: 11g, Proteine: 11g, Natrium: 6,22mg

28. Mandeltraum

- **Beschreibung:**

Mandeln oder Mandelmilch bewahren und verbessern die Qualität deines Zahnfleisches und verhindern Kavität. Mandeln enthalten Calcium, der wichtig ist um dentalen Krankheiten zu entgehen.

- **Zutaten:**
  - 1 Tasse gefrorene Heidelbeeren
  - 1 Banane
  - 1/2 Tasse Mandelmilch
  - 1 EL Mandelbutter
  - Wasser

- **Zubereitung:**
  - Vermenge die Heidelbeeren, die Banane, die Mandelmilch und -butter in einem Mixer; mixe alles, bis die Zutaten flüssig sind. Füge dann Wasser hinzu, um den Smoothie dünnflüssiger zu machen.

- **Nährwertangaben:**

    Kalorien: 231kcal, Fette: 11g, Kohlenhydrate: 55g,

    Proteine: 5,3g, Natrium: 162mg

29. Grüne Erbsen mit Supermacht

- **Beschreibung:**

Die in grünen Erbsen enthaltenen Mineralien verhindern das Wachstum von bedrohlichen Bakterien und löschen die Säuren auf unseren Zähnen. Daneben sind grüne Erbsen gut für die Haut, regulieren den Blutzucker, fördern die Herzaktivität und verhindern Magenkrebs.

- **Zutaten:**
  - 1 (425g) Erbsen, getrocknet
  - 115g Cheddar, gewürfelt
  - 2 EL fein gehackte, süße Zwiebel
  - 1/4 Tasse cremiges Salatdressing

- **Zubereitung:**
  - Vermenge in einer mittelgroßen Salatschüssel die Erbsen, den Cheddar und die Zwiebel, Rühre den Zucker und das cremige Salatdressing ein. Lass den Salat mindestens 1 Stunde ziehen, bevor du ihn servierst.

- **Nährwertangaben:**

    Kalorien: 221kcal, Fette: 13g, Kohlenhydrate: 17g,

    Proteine: 10g, Natrium: 500mg

30. Mr. Bohne

- **Beschreibung:**

Bohnen enthalten Proteine, die wichtig für den Zellenaufbau sind. Deine Zähne benötigen ebenfalls Proteine, um das Zahnfleisch und die Zähne gesund zu halten.

- **Zutaten:**
  - 750g grüne Bohnen, in 5cm große Stücke geschnitten
  - 1 1/2 Tassen Wasser
  - 1 EL Olivenöl
  - 3/4 TL Knoblauchsalz
  - 1/4 TL Pfeffer
  - 1 1/2 TL gehackter, frischer Basilikum
  - 2 Tassen Kirschtomaten-Hälften

- **Zubereitung:**
  - Gib die Bohnen und Wasser in eine große Pfanne. Decke sie ab und bringe sie zum Kochen. Drehe die Hitze ab und lass alles etwa 10

Minuten köcheln. Tupfe das Wasser ab und stell die Bohnen zur Seite.

- ➢ Rühre Knoblauch, Salz, Pfeffer und Basilikum unter.
- ➢ Füge die Tomaten bei und koche sie unter gelegentlichem Rühren, bis sie weich sind. Gieße die Tomatenmischung über die grünen Bohnen, bis sie damit bedeckt sind.

- **Nährwertangaben:**

    Kalorien: 122kcal, Fette: 8g, Kohlenhydrate: 12,6g, Proteine: 2,6g, Natrium: 294mg

31. Joghurt & Frucht Gäste

- **Beschreibung:**

  Joghurt verleiht deinen Zähnen Stärke und deinem Zahnfleisch Gesundheit. Es verhindert außerdem Kavität, die Ausbreitung von Plaque und Mundgeruch. Achte aber darauf nur Joghurt ohne Zucker und ohne künstliche Aromen zu dir zu nehmen.

- **Zutaten:**
  - 1 1/2 Tassen kernlose Trauben, halbiert
  - 2 Stangen Sellerie, gewürfelt
  - 1 roter Apfel, entkernt und gewürfelt
  - 1 Orange, geschält und in Stücke
  - 1/2 Tasse Brombeeren
  - 1/2 Tasse gehackte Walnüsse
  - 1 (200g) Joghurt

- **Zubereitung:**
  - Vermenge die Trauben, den Sellerie, den Apfel, die Orangestücke, die Brombeeren und die Walnüsse in einer großen Schüssel; rühre dann den Joghurt unter und mische alles durch.

➢ Decke die Schüssel mit Folie ab und stelle de Salar mindestens 30 Minuten in den Kühlschrank.

- **Nährwertangaben:**

Kalorien: 188kcal, Fette: 9g, Kohlenhydrate: 26g, Proteine: 5g, Natrium: 44mg

32. Frühstückskleie

- **Beschreibung:**

Kleie ist nicht Vollkorn, aber sie enthält Cerealien wie Reis, Mais, Weizen, Gerste und Haferflocken. Untersuchungen haben gezeigt, dass Kleie zusammen mit Vitamin D verzehrt werden solle, um das Risiko von Karies zu verringern.

- **Zutaten:**
    - 1 Tasse Wasser
    - 1/4 TL gemahlener Zimt
    - 5 getrocknete, entkernet Pflaumen, gewürfelt
    - 1/4 Tasse Haferkleie

- **Zubereitung:**
    - Vermenge Wasser, Zimt und Pflaumen in einer Pfanne bei mittlerer Hitze. Bring alles zum Kochen; rühre danach die Haferkleie unter und koche die Mischung weitere 2 Minuten.

- **Nährwertangaben:**

Kalorien: 161kcal, Fette: 2g, Kohlenhydrate: 43g, Proteine: 5g, Natrium: 10mg

33. Treuer, brauner Reis

- **Beschreibung:**

Brauner Reis ist reich an Magnesium und enthält außerdem verschiedene Sorten von Vitamin B, welches deine Zähen stärkt und dein Zahnfleisch gesund hält.

- **Zutaten:**
  - 2 Tassen Wasser
  - 1 Tasse brauner Reis
  - 1/4 Tasse geschnittene rote Zwiebel
  - 1/2 Tasse geschnittener Sellerie
  - 1/4 Tasse getrocknete Cranberries
  - 1/2 Tasse Balsamicoessig-Salatdressing
  - 1 EL Zucker

- **Zubereitung:**
  - Bring das Wasser in einem Topf zum Kochen. Rühre den Reis ein, lege den Deckel darauf und verringere die Hitze. Lass den reis 45 bis 60 Minuten köcheln, bis er fertig ist.
  - Verteile den Reis in eine Servierschüssel, gib die Zwiebel, die Sellerie, die Cranberries, das

Salatdressing und den Zucker dazu. Decke die Schüssel ab, stelle sie in den Kühlschrank und serviere den reis warm.

- **Nährwertangaben:**

Kalorien: 302kcal, Fette: 10g, Kohlenhydrate: 50g, Proteine: 4g, Natrium: 365mg

34. Königreich des Apfels

- **Beschreibung:**

Äpfel verhindern die Entstehung von Kavität, da seine Säure, der Zucker und der Ballaststoff die Speichelproduktion anregen. Sobald sich die Speichelmenge erhöht, sinkt der Anteil an Bakterien.

- **Zutaten:**
  - 3 EL Rosinen
  - 2 saute Äpfel, geschält und geschnitten
  - 1 Tasse Kürbisstücke
  - 2 TL Zitronensaft
  - Salz und Pfeffer zum Abschmecken

- **Zubereitung:**
  - Lege die Rosinen in eine kleine Schüssel und bedecke sie mit heißem Wasser. Lass sie 30 Minuten stehen.
  - Sobald sich die Rosinen vollgezogen haben, trockne sie ab und lege sie zusammen mit dem Apfel und dem Kürbis in eine Schüssel.

➢ Träufle Zitronensaft darüber und vermische alles. Würze mit Salz und Pfeffer und serviere im Anschluss.

- **Nährwertangaben:**

Kalorien: 129kcal, Fette: 0.3g, Kohlenhydrate: 34g, Proteine: 1,2g, Natrium: 197mg

35. Bananenmilch-Shake

- **Beschreibung:**

Bananen enthalten Calcium, das die Knochen stärkt. Sie sind außerdem reich an Vitamin B bzw. C und sind perfekt im Kampf gegen Kavität.

- **Zutaten:**
  - 1 Banane, halb zerdrückt
  - 1/2 Tasse Milch oder mehr zum Abschmecken

- **Zubereitung:**
  - Mische die Banane und die Milch in einer Tasse oder Schüssel, bis die gewünschte Konsistenz erreicht wird.

- **Nährwertangaben:**

Kalorien: 166kcal, Fette: 2,8g, Kohlenhydrate: 34g, Proteine: 5,3g, Natrium: 51mg

36. Häschens Karotte

- **Beschreibung:**

Karotten sind ein großartiger Lieferant für antioxidantische Kampfmittel. Außerdem sind Karotten reich an Vitamin A, Vitamin C, Vitamin K, Vitamin B8, Pantothensäure, Folsäure, Kalium, Eisen, Kupfer und Mangan

- **Zutaten:**
  - 3 Tassen Karotten-Juliennes
  - 1 (550g) Ananasschreibe
  - 1 Tasse kleine Marshmallows
  - 1/2 Tasse Rosinen
  - 1/2 Tasse geschnittene Sellerie
  - 2/3 Tasse cremiges Salatdressing
  - 1 TL weißer Zucker

- **Zubereitung:**
  - Vermenge in einer großen Schüssel die Karotten, die Ananas, die Marshmallows, die Rosinen und den Sellerie.

➢ Rühre das Salatdressing und den Zucker unter; verteile ihn über den Salat und mische ihn durch. Lass ihn mindestens 12 Stunden ruhen.

- **Nährwertangaben:**

Kalorien: 198kcal, Fette: 6,4g, Kohlenhydrate: 36g, Proteine: 8g, Natrium: 241mg

37. Meister gegen die Kavität

- **Beschreibung:**

Avocados sind sehr nahrhaft und enthalten eine große Bandbreite an Nährstoffen, darunter 20 verschiedene Vitamine und Mineralien, die sicherstellen, dass deine Zähne frei von Kavität bleiben.

- **Zutaten:**
  - 1 Avocado
  - 1/2 TL Knoblauch, gehackt
  - 1/2 TL frisch gepresste Ingwerwurzel
  - 1 EL Olivenöl

- **Zubereitung:**
  - Vermenge den Knoblauch, den Ingwer und das Olivenöl; stell alles 5 Minuten zur Seite, damit sich die Aromen entfalten können.
  - Halbiere die Avocado und entferne den Kern; verteile die Sauce über die Avocadohälften.

- **Nährwertangaben:**

Kalorien: 164kcal, Fette: 15g, Kohlenhydrate: 9,1g, Protein: 2,2g, Natrium: 157mg

38. Blumenkohl-Kino

- **Beschreibung:**

Gegrillter Blumenkohl ist ein sehr leckerer Snack. Du wirst ihn ebenso mögen wie Popcorn. Er ist sehr leicht zuzubereiten und schmeckt einfach himmlisch!

- **Zutaten:**
  - 1 EL Olivenöl
  - 1/2 TL Knoblauchsalz
  - 1 großer Blumenkohl, in Röschen

- **Zubereitung:**
  - Heize den Backofen auf 200°C vor.
  - Vermenge das Olivenöl und das Knoblauchsalz in einer großen Schüssel; gib den Blumenkohl hinzu und achte darauf, dass er vollständig bedeckt ist. Verteile den Blumenkohl auf ein Backblech.
  - Backe ihn im vorgeheizten Backofen 15 bis 18 Minuten, bis er goldbraun ist.

- **Nährwertangaben:**

Kalorien: 83kcal, Fette: 3,6g, Kohlenhydrate: 11,2g, Proteine: 4,2g, Natrium: 290mg

39. Entdeckt: Walnüsse

- **Beschreibung:**

Walnüsse sind reich an einfach ungesättigten sowie mehrfach ungesättigten Fettsäuren sowie eine gute Quelle für Proteine. Nüsse haben den Ruf kalorienreich und sehr fetthaltig zu sein. Trotzdem verfügen sie über viele Nährstoffe und versorgen dich mit gesunden Fetten.

- **Zutaten:**
  - 2 Tassen Walnüsse
  - 2 Knoblauchzehen, gehackt
  - 1 EL Honig
  - 1 EL natives Olivenöl extra
  - 1 EL frisch gehackter Rosmarin

- **Zubereitung:**
  - Heize den Backofen auf 180°C vor.
  - Vermenge Walnüsse, Knoblauch, Honig, Olivenöl, Rosmarin und Salz in einer Schüssel, bis die Walnüsse vollständig bedeckt sind; verteile sie auf ein vorbereitetes Backblech.

- ➤ Backe sie etwa 10 Minuten im vorgeheizten Backofen, bis die Walnüsse leicht braun sind.
- **Nährwertangaben:**

  Kalorien: 183kcal, Fette: 5,8g, Kohlenhydrate: 40g, Proteine: 5,2g, Natrium: 42mg

40. Geschenk der Nektarine

- **Beschreibung:**

Nektarinen besitzen wundersame antioxidantische Mächte und sind außerdem reich an Polyphenole, Vitamin C und Karotinoiden wie beta-Carotin und Cryptoxanthin. Genieße diesen Smoothie zu jeder Tageszeit!

- **Zutaten:**
  - 2 große Nektarinen, entkernt und geviertelt
  - 1 Banane, in Stücke und gefroren
  - 1 große Orange, geschält und geviertelt
  - 1 Tasse Vanillejoghurt
  - 1 Tasse Orangensaft
  - 1 EL Honig

- **Zubereitung:**
  - Gib die Nektarinen, die gefrorenen Bananenstücke, die Orange, den Vanillejoghurt, den Orangensaft und den Honig in einen Mixer und mixe die Zutaten, bis sie flüssig sind.

- **Nährwertangaben:**

  Kalorien: 163kcal, Fette: 2,8g, Kohlenhydrate: 22g,

  Proteine: 3,2g, Natrium: 12mg

41. Selbstgemachte Mandelmilch

- **Beschreibung:**

Du kannst diese Milch zu dir nehmen, um deine Zähne zu stärken und Karies zu verhindern. Aber die Milch sollte ohne Zucker und andere künstliche Aromen verzehrt werden, damit dies auch gelingt.

- **Zutaten:**
  - 1 Tasse rohe Mandeln
  - 3 Tassen Wasser
  - 1 EL Honig oder mehr zum Abschmecken
  - 1 Prise Meersalz

- **Zubereitung:**
  - Lege die Mandeln in eine Schüssel und gieße genug Wasser hinein, bis sie bedeckt sind; lass die Mandeln mindestens 12 Stunden darin. Tupfe dann das Wasser ab.
  - Mixe die Mandeln und 3 Tassen Wasser in einem Mixer bei mittlerer Geschwindigkeit 10 Sekunden klang. Schalte den Mixer 5 Sekunden aus. Mixe anschließend Mandeln und Wasser

auf höchster Stufe 60 Sekunden. Gieße die Mischung durch ein Seihtuch in eine Schüssel. Zerdrücke das Fruchtfleisch oder verwende es für ein anderes Rezept.

➢ Reinige den Mixer und gib etwas Milch hinein; füge Honig und Salz bei. Mixe alle gut durch.

- **Nährwertangaben:**

    Kalorien: 440kcal, Fette: 36g, Kohlenhydrate: 22g, Proteine: 15g, Natrium: 177mg

42. Urzeitlicher Grünkohlsalat

- **Beschreibung:**

Grünkohl steckt voller Nährstoffe, Vitamin, Folsäure und Magnesium. Alles in allem also eine Wohltat für deine Zähne und dein Zahnfleisch.

- **Zutaten:**
  - 1 Grünkohl, ohne Stamm, Blätter fein gewürfelt
  - 1/2 TL Salz
  - 1 EL Apfelweinessig
  - 1 Apfel, geschnitten
  - 1/3 Tasse Fetakäse
  - 1/4 Tasse Johannisbeeren
  - 1/4 Tasse geröstete Pinienkerne

- **Zubereitung:**
  - Streue Salz auf den Grünkohl und lege ihn 2 Minuten in eine große Schüssel. Gib Essig über den Kohl und vermenge alles, bis der Grünkohl damit bedeckt ist. Mische den Apfel, den Feta, die Johannisbeeren und die Pinienkerne zum Grünkohl.

- **Nährwertangaben:**

    Kalorien: 102kcal, Fette: 4,8g, Kohlenhydrate: 12g,

    Proteine: 4,6g, Natrium: 277mg

43. Fröhlicher Orangen-Hammer

- **Beschreibung:**

Orangen enthalten Vitamin C, das wichtig für die Bakterienbekämpfung ist. Sie helfen außerdem dabei, dein Immunsystem zu stärken. Dies ist also das perfekte Getränk, wenn du dich etwas schlapp fühlst.

- **Zutaten:**
  - 1 cm große frische Ingwerwurzel
  - 500 g Karotten, geputzt und in Stücke
  - 2 Orangen, geschält

- **Zubereitung:**
  - Gib den Ingwer, die Karotten und Orangen in einen Saftbereiter. Serviere das Getränk direkt.

- **Nährwertangaben:**

Kalorien: 188kcal, Fette: 1g, Kohlenhydrate: 44g, Proteine: 4,6g, Natrium: 314mg

44. Kohlrabi-Star

- **Beschreibung:**

Dieses Gemüse steckt voller Nährstoffe und Mineralien wie Kupfer, Kalium, Mangan, Eisen und Calcium sowie Vitaminen, darunter Vitamin C, Vitamin B, Vitamin A und Vitamin K.

- **Zutaten:**
  - 1/2 Zwiebel, gewürfelt
  - 1 Kohlrabi, dünne Scheiben
  - 250g gelber Bisamkürbis, zerdrückt
  - 3 Knoblauchzehen, gehackt
  - 1/2 TL Salz
  - 1 TL gemahlener schwarzer Pfeffer

- **Zubereitung:**
  - Gib die Zwiebel und den Kohlrabi in einen Topf; brate sie 5 Minuten und rühre dabei immer wieder um. Füge den Bisamkürbis, Knoblauch, Salz und schwarzer Pfeffer bei. Koche alles etwa 10 Minuten, bis aus dem Kürbis etwas Flüssigkeit

ausgetreten und er nicht mehr so feucht ist.

Serviere im Anschluss.

- **Nährwertangaben:**

Kalorien: 53kcal, Fette: 2g, Kohlenhydrate: 4g,

Proteine: 2g, Natrium: 120mg

45. Gerollte Garnelen

- **Beschreibung:**

Garnelen sind ein fettreduzierter Lieferant für Proteine. Eine 90g-Portion an Garnelen, d.h. etwa 15 bis 16 große Garnelen, oder etwa 8 Riesengarnelen, enthält 101 Kalorien, über 19g Proteine und nur 1,4g Fette. Eine Portion enthält außerdem Calcium, Kalium sowie Phosphor und ist reich an Vitamin A und E.

- **Zutaten:**
  - 1/2 Tasse Olivenöl
  - 1 EL Senf
  - 3 Knoblauchzehen, gehackt
  - 1 Zitrone, Saft
  - 1 Orange, Saft
  - 1 TL getrockneter Basilikum
  - 30 Riesengarnelen, geschält und entdarmt

- **Zubereitung:**
  - Vermenge in einer Glasschüssel Olivenöl, Senf, Knoblauch, Zitronensaft und Orangensaft. Füge die Garnelen bei und mische alles durch. Decke

die Schüssel mit Folie ab und lass die Garnelen eine Stunde in der Marinade liegen.

- ➢ Erhitze einen Grill auf maximaler Stufe.
- ➢ Spieße die Garnelen auf einen Spieß. Grille sie 3 bis 5 Minuten, bis sie pinkt sind. Wende sie dann.

- **Nährwertangaben:**

Kalorien: kcal, Fette: g, Kohlenhydrate: g, Proteine: g, Natrium: mg

46. Klassische Früchte

- **Beschreibung:**

Es handelt sich hierbei um einen exzellenten Smoothie, der sehr vitaminreich ist, dich vor Kavität bewahrt und dein Zahnfleisch stärkt.

- **Zutaten:**
  - 4 Eiswürfel
  - 1/4 frische Ananas – geschält, entstielt und gewürfelt
  - 1 große Banane, in Scheiben geschnitten
  - 1 Tasse Ananas- oder Apfelsaft

- **Zubereitung:**
  - Gib die Eiswürfel, die Ananas, die Banane und den Ananassaft in einen Mixer. Püriere die Zutaten, bis sie flüssig sind.

Nährwertangaben:

Kalorien: 313kcal, Fette: 0,9g, Kohlenhydrate: 78,7g, Proteine: 3g, Natrium: 10mg

WEITERE WERKE DES AUTORS

70 Effective Meal Recipes to Prevent and Solve Being Overweight: Burn Fette Fast by Using Proper Dieting and Smart Nutrition

By
Joe Correa CSN

48 Acne Solving Meal Recipes: The Fast and Natural Path to Fixing Your Acne Problems in Less Than 10 Days!

By
Joe Correa CSN

41 Alzheimer's Preventing Meal Recipes: Reduce or Eliminate Your Alzheimer's Condition in 30 Days or Less!

By
Joe Correa CSN

70 Effective Breast Cancer Meal Recipes: Prevent and Fight Breast Cancer with Smart Nutrition and Powerful Foods

By
Joe Correa CSN

www.ingramcontent.com/pod-product-compliance
Lightning Source LLC
Chambersburg PA
CBHW070242090526
44586CB00036B/2025